Astrid Jung

Grundkonzepte und empirische Forschungsergebnisse der Viktimologie unter besonderer Berücksichtigung des Täter-Opfer-Ausgleichs

GRIN Verlag

Bibliografische Information der Deutschen Nationalbibliothek:

Die Deutsche Bibliothek verzeichnet diese Publikation in der Deutschen National-bibliografie; detaillierte bibliografische Daten sind im Internet über http://dnb.d-nb.de/ abrufbar.

Impressum:

Copyright © 2004 GRIN Verlag GmbH
Druck und Bindung: Books on Demand GmbH, Norderstedt Germany
ISBN: 978-3-656-56204-7

Dieses Buch bei GRIN:

http://www.grin.com/de/e-book/31588/grundkonzepte-und-empirische-forschungs-ergebnisse-der-viktimologie-unter

GRIN - Your knowledge has value

Der GRIN Verlag publiziert seit 1998 wissenschaftliche Arbeiten von Studenten, Hochschullehrern und anderen Akademikern als eBook und gedrucktes Buch. Die Verlagswebsite www.grin.com ist die ideale Plattform zur Veröffentlichung von Hausarbeiten, Abschlussarbeiten, wissenschaftlichen Aufsätzen, Dissertationen und Fachbüchern.

Besuchen Sie uns im Internet:

http://www.grin.com/

http://www.facebook.com/grincom

http://www.twitter.com/grin_com

HELMUT SCHMIDT
UNIVERSITÄT
Universität der Bundeswehr Hamburg

Fachbereich Pädagogik

Professur für Erziehungssoziologie unter besonderer Berücksichtigung der

Sozialisationstheorie

Grundkonzepte und empirische Forschungsergebnisse der Viktimologie unter

besonderer Berücksichtigung des Täter-Opfer-Ausgleichs

Hausarbeit

vorgelegt von

Astrid Jung

Im Rahmen des Seminars:

„Abweichendes Verhalten und Soziale Kontrolle"

2. Studientrimester

WT`04

Hamburg, den 25.05.2004

Inhaltsverzeichnis:

3

1 Einführung in die Thematik

Jährlich, weltweit: ca. 14 000000 Hungeropfer[1]

Jährlich, weltweit: ca. 3 000000 Todesopfer in Folge von AIDS[2]

11. September 2001, New York: ca. 3000 Todesopfer[3]

11. März 2004, Madrid: ca. 200 Todesopfer[4]

Opfer gibt es weltweit täglich und in beängstigender Anzahl. Oben genannte Zahlen kursieren in den Medien und brennen sich ein. Allerdings genießen nur Opferzahlen derartig prägender Ereignisse diese Präsenz, unzählige weitere Opfer scheinen nicht berücksichtigt zu werden. Hohe Opferwerte entstehen ganz still und heimlich, ohne Medienrummel. Täglich wird eine Vielzahl von Menschen Opfer aller erdenklichen Taten und Umstände. Diese finden sich in den Medien nur vereinzelt wieder, ein Großteil dagegen geht lediglich in die Polizeiliche Kriminalstatistik (PKS) ein. Ein weiterer Anteil unbekannter Größe bildet das Dunkelfeld, welches nur erahnt werden kann. Aus den vorhandenen Statistiken können jedoch Zusammenhänge und Schlüsse gezogen werden, wie Opfer, Täter und Straftaten sich zueinander verhalten. Aus diesem Zusammenhang entwickelte sich ab Mitte des 20. Jahrhunderts neben der Kriminologie die Viktimologie, die Wissenschaft vom Opfer, die derartige Zahlen auswertet. Als wichtige Veröffentlichungen zum Thema Viktimologie sind insbesondere „Viktimologie" von Hans Joachim Schneider sowie „Die Soziologie des Opfers" von Walter Kiefl und Siegfried Lamnek zu nennen, die in ihrer Monographie zahlreiche früher veröffentliche Bücher zu diesem Themenkomplex zitieren.

In dieser Arbeit sollen das Grundkonzept, Untersuchungsmöglichkeiten und empirische Forschungsergebnisse der Viktimologie dargestellt werden, um deren wichtige Bedeutung für das zukünftige Opfer zu verdeutlichen. Hierzu gilt es vorweg, die Begriffe Viktimologie und Opfer genauer zu bestimmen. Im Anschluss sollen Entwicklung und Aufgaben der Viktimologie dargestellt werden. Auf dieser gemeinsamen Basis werden im Folgenden die empirischen

---

[1] http://science.orf.at/science/news/62705
[2] http://science.orf.at/science/news/62705
[3] www.faz.net, Mensch, Natur & Technik: *"Terroranschläge: Weniger Opfer unter den Trümmern als vermutet"*, 25.03.2002. In: http://www.sellpage.de/11september/chronologie.html
[4] http://www.stern.de/politik/ausland/?id=521912

Forschungsergebnisse angebracht. Hierbei geht es neben Opferhäufigkeiten, die der Polizeilichen Kriminalstatistik entnommen sind, und Kausalzusammenhängen vor allem um die einzelnen Typologien der Opfer. Nicht jeder Mensch ist gleich anfällig Opfer der gleichen Tat zu werden; es spielen hier mehrere Faktoren zusammen, die in oben genannten Monographien umfassend beleuchtet wurden. Die Beziehung zwischen Täter und Opfer soll diesbezüglich genauer betrachtet werden. Ebenfalls wichtig ist in diesem Zusammenhang die Problematik der Entschädigung des Opfers. Da in zahlreichen Fällen der Täter durch Gerichte seine Strafe erhält, bleibt dem Opfer häufig nicht mehr als die Genugtuung über diese Tatsache. An dieser Stelle soll näher auf die Hintergründe des durch die Viktimologie geförderten Täter-Opfer-Ausgleichs eingegangen werden, zu dem es zwar nicht in jedem Fall kommen kann, der den Opfern aber, wenn er durchgeführt wird, das Gefühl gibt, nicht ganz übergangen zu werden, sondern eine gewisse Form der Entschädigung erfahren zu haben. Diese Form der Entschädigung soll daher in Theorie und Praxis näher gebracht werden. Diesbezügliche Angaben beziehen sich überwiegend auf Studien, die in Form von Monographien veröffentlicht wurden. Zu nennen sei an dieser Stelle „Die Effizienz des Täter-Opfer-Ausgleichs", eine empirische Untersuchung von Täter-Opfer-Ausgleichsfällen aus Schleswig-Holstein von Anke Keudel, sowie das Buch „Täter-Opfer-Ausgleich" von Erich Marks und Dieter Rössner.

2 Begriffsklärung

2.1 Opfer

Um eine gemeinsame Grundlage zu schaffen soll im Vorfeld der Begriff des Opfers im Hinblick auf diese Arbeit geklärt werden. Opfer können einzelne Personen sein, die durch andere verletzt (z.B. Körperverletzung) oder geschädigt (z.B. Einbruch, Diebstahl) werden. Doch schon am Beispiel des Diebstahls zeigt sich, wie schwierig eine derartige Kategorisierung ist. In diesem Fall stellt nicht nur der Bestohlene das Opfer dar – handelt es sich beispielsweise um einen Ladendiebstahl, so können dort der dahinter stehende

Konzern und indirekt sogar die ganze Bevölkerung in die Opfersituation geraten. Schließlich könnte der bestohlene Konzern durch Preiserhöhungen seinen Verlust kompensieren wollen, was die Kunden indirekt als Opfer betreffen könnte. Weiterhin können ganze soziale Gruppen, sogar Gesellschaften zu Opfern werden (z.B. Ausländerfeindlichkeit). Doch nicht alle Opfer sind greifbar und können personifiziert werden. Bei Delikten gegen die öffentliche Ordnung tritt nur ein abstraktes Opfer[5] in Erscheinung. Beispiele hierfür sind Trunkenheit am Steuer und Rücksichtslosigkeit im Straßenverkehr.

Eine sehr allgemeine Definition zum Begriff des Opfers findet sich bei Hans Joachim Schneider: „Opfer ist eine Person, Organisation, die moralische oder die Rechtsordnung, die durch eine Straftat gefährdet, geschädigt oder zerstört wird."[6] Im Rahmen dieser Arbeit soll jedoch auf die Person als Opfer, sowie deren Stellenwert in der Viktimologie eingegangen werden, wobei der Begriff Opfer sowohl das männliche als auch das weibliche Geschlecht einschließt.

2.2 Viktimologie

Der Begriff Viktimologie leitet sich aus dem Lateinischen ab: victima = Opfer. Er bezeichnet die Wissenschaft vom (Verbrechens-)Opfer und zeigt sich in diesem Sinne als interdisziplinäre Teilwissenschaft. Sie wurde aus der Erkenntnis der Tatsache heraus entwickelt, dass die Kriminologie als Wissenschaft vom Verbrechen, insbesondere von der Täterpersönlichkeit, nicht ohne gleichzeitige Betrachtung der Opferseite betrieben werden konnte. Die Viktimologie steht in enger Beziehung zur Strafrechtswissenschaft, zur Kriminologie und Kriminalsoziologie, zur Psychologie und Psychiatrie, zur Biologie und Medizin. Forschungsergebnisse all dieser Wissenschaften spielen hier zusammen und bieten zahlreiche Möglichkeiten der gegenseitigen Ableitung. Bei der Wissenschaft vom Opfer steht nicht, wie vermutet werden könnte, die Schuldzuweisung an das Opfer oder die Rechtfertigung des Täters im Vordergrund, sondern die Untersuchung der Opferperspektive. Die

---

[5] SCHNEIDER 1975, S.11
[6] SCHNEIDER 1975, S.12

Viktimologie ist eine empirische Disziplin, sie zieht also ihre Erkenntnisse aus praktischer Erfahrung.[7]

3. Grundkonzept der Viktimologie

3.1 Aufgaben der Viktimologie

Auf welchem Konzept die Viktimologie beruht, wird aus der Bezeichnung empirische Teilwissenschaft bereits deutlich. Menschen können am besten vor einem zukünftigen Opferdasein geschützt werden, indem sie aus der Erfahrung anderer lernen. „Die Viktimologie befaßt sich mit dem wissenschaftlichen Studium von Verbrechensopfern. Es geht ihr insbesondere um die Erscheinungsformen, Ursachen und Folgen des Prozesses des Opferwerdens: Opferschaden, Vorbeugung gegen das Opferwerden, Wiedergutmachung und Opferbehandlung."[8] Es gilt daher, Vergangenes zu analysieren und daraus Schlüsse zu ziehen, um auf diesem Wege wertvolle Erkenntnisse zu erhalten. Zu den sehr umfangreichen Aufgaben der Viktimologie gehören in erster Linie die Analyse der Rolle des Opfers im Zusammenwirken von Täter, Opfer und Gesellschaft, sowie das Erforschen der Opferanfälligkeit einzelner Personen oder Personengruppen. Weiterhin beschäftigt sich die Viktimologie mit den Einflüssen auf die Anzeigebereitschaft des Opfers und die Beziehung zwischen der Furcht, Opfer zu werden und dem tatsächlichen Opferwerden. Neben Untersuchungen der wirtschaftlichen, sozialen, physischen und psychischen Schäden des Opfers, beschäftigt sich die Viktimologie darüber hinaus mit den Themen Schadenswiedergutmachung und Verbrechensvorbeugung. Um das Opfer stärker in den dem Verbrechen folgenden Ablauf einzubinden, erarbeitet die Viktimologie Möglichkeiten der Beteiligung am Strafprozess und des Schutzes im vorangehenden Ermittlungs- und Strafverfahren. Es werden also alle Faktoren erforscht, die das Opfer direkt oder indirekt betreffen, um die Hauptziele der Viktimologie zu verfolgen: Prävention, Verbesserung der Opfersituation und - als neueres Ziel - die Aussöhnung von Täter und Opfer.

---

[7] AMELUNXEN 1970
[8] Vgl. SCHNEIDER, H.J.: Viktimologie. In: SEITZ 1983, S. 236

3.2 Untersuchungsmethoden

Es werden hierbei verschiedene Untersuchungsmethoden angewandt, die Aufschluss über die genannten Gebiete geben. Das effektivste Mittel der Untersuchung stellt in diesem Zusammenhang die Opferbefragung in verschiedenen Ausprägungen dar.

Allgemein kann festgehalten werden, dass derartige Befragungen vielfältige Informationen liefern können, beispielsweise über das Dunkelfeld oder den Prozess der Opferwerdens, welcher später näher beleuchtet werden soll. Gegen die Repräsentanz von Befragungen sprechen die Verweigerungszahlen der Befragten (Verweigerungsanteil 1980: 41,4%)[9], beispielsweise aus Angst wegen Mittäterschaft, sowie die Unwissenheit einiger Personen, die Ordnungswidrigkeit, Vergehen und Straftat nicht voneinander abgrenzen können. Das eine Opfer empfindet eine Straftat möglicherweise nicht als solche aufgrund mangelnder Bildung oder einer hohen Toleranzschwelle, während ein anderes sich eventuell einfach nicht mehr erinnert, ob und inwiefern es in einen solchen Umstand verwickelt war. Obwohl die Verdrängung und Beschönigung einzelner Sachverhalte zum persönlichen Vorteil, wie auch die bereits erwähnte Verweigerung der Einwilligung, an einer Befragung teilzunehmen, deren Ergebnis verzerren können, stellt die Opferbefragung dennoch eine relativ zuverlässige Quelle für die Forschung dar, da es sich hier um Tatsachenberichte handelt.[10] Es sind an dieser Stelle jedoch die drei Hauptprobleme[11] dieser Untersuchungsmethode anzubringen:

(1) Selektives Wahrnehmen: Manches Opfer mag nicht registrieren, dass es überhaupt Opfer ist. Beispiele hierfür sind Betrug oder Taschendiebstahl, bei dem das Opfer irrtümlicherweise von einem Verlust ausgeht.

(2) Selektives Erinnern: Opfer erinnern sich wesentlich besser an schwerwiegende Straftaten (wie Körperverletzung), als an „Kleinigkeiten" (wie Beleidigung).

---

[9] STEPHAN, E.: Die Stuttgarter Opferbefragung. In: FORSCHUNGSGRUPPE KRIMINOLOGIE (Hrsg.) 1980, S. 46
[10] Vgl. KIEFL/LAMNEK 1986, S. 39ff
[11] Vgl. KIEFL/LAMNEK 1986, S. 41f

(3) Selektives Berichten: Aus Angst um sein Image oder aufgrund von Hemmungen wegen einer Bloßstellung (beispielsweise nach Vergewaltigung), sagt ein Befragter nicht die ganze Wahrheit.

Um die jeweils effektivsten Ergebnisse zu erreichen, können verschiedene Befragungsformen[12] angewandt werden.

Hierbei ist vorweg zwischen schriftlicher und mündlicher Befragung zu unterscheiden. Vorteile der schriftlichen Befragung sind geringe Kosten, sowie die Wahrung der Anonymität des Befragten. Die Tatsache, dass der Befragte viel Zeit zum Beantworten der Fragen hat, kann dagegen auch zum Nachteil werden, da die Schlüssigkeit der Antworten gegebenenfalls den Tatsachen vorangestellt werden könnte. Die mündliche Befragung dagegen gibt dem Interviewer die Möglichkeit der Kontrolle über die Situation und der Motivierung oder Hilfestellung. Darüber hinaus bleibt eine gewisse Flexibilität bestehen, die ein Fragebogen im Briefkasten nicht erbringen kann. Die Qualität der Informationen ist des Weiteren abhängig von der Art der Befragung, die sich in standardisierte (quantitative) und offene (qualitative) Befragung unterteilen lässt. Obgleich qualitative Erhebungen weitaus einfacher auszuwerten sind, erweisen sie sich doch als weniger effektiv, da die Gefahr besteht, nicht alles erfassen zu können, was der Befragte gerne anbringen würde. Außerdem besteht die Gefahr der Verzerrung, weil bestimmte Frageformulierungen und vorgegebene Antwortmöglichkeiten das Ergebnis verfälschen können. Dem entgegen steht die offene Befragung als rasterlose Rekonstruktion des Geschehens. Der Interviewer interagiert mit dem Interviewten. Er kann motivieren und rückfragen und auf diese Weise ein offenes Gespräch führen. Eine Befragung, in welcher Form auch immer, kann mit verschiedensten Personen durchgeführt werden. Es gilt hier nicht nur Täter, Opfer und Zeugen zu berücksichtigen, sondern auch Experten, die sich beispielsweise mit Opfern und deren Problemen befassen (Polizei, Sozialarbeiter, Mitarbeiter des Weißen Ringes), sowie willkürlich gewählte Personen. Eine individuelle Befragung ist diesbezüglich grundsätzlich zuverlässiger als zum Beispiel eine Haushaltsbefragung, bei der eine Person Auskunft über die Mitglieder des Haushalts gibt. Auf diese Weise können zwar mehr „Messwertträger" erfasst

---

[12] Vgl. KIEFL/LAMNEK 1986, S. 45ff

werden, es kann allerdings aus Unwissenheit über die Situation der Mitbewohner auch ein verzerrtes Bild entstehen. Aus einer derartigen Befragung können andererseits nicht selten Rückschlüsse auf familien- oder haushaltsbedingte Viktimisierungsmöglichkeiten gezogen werden.

Neben der Befragung sind noch weitere Untersuchungsmethoden[13] wie die Sekundär- und Inhaltsanalyse, das Experiment und die Beobachtung von Bedeutung. Unter Sekundäranalyse versteht man das Auswerten von Statistiken, Zeitungsberichten und ähnlichem, was einerseits bezüglich des Aufwandes kostengünstig ist, andererseits aber das Dunkelfeld nicht berücksichtigt. Darüber hinaus bestehen Probleme hinsichtlich der Zugänglichkeit einiger Quellen. Bei der Inhaltsanalyse handelt es sich um die Auswertung persönlicher Dokumente wie beispielsweise Briefe oder Tagebücher, die zwar das Erlebnis eindeutig aus der Sicht einer betroffenen Person beschreiben, die sich aber wegen der zugrunde liegenden Subjektivität qualitativ häufig nicht so präsentieren, wie es für viktimologische Forschungen von Nöten wäre. Um nähere Informationen über Zeugen als indirekt an einer Straftat beteiligte Personen zu erhalten, wird häufig die Untersuchungsmethode der Beobachtung hinzugezogen. Dies ist nur möglich in Fällen, die kein personifiziertes Opfer hervorbringen, da der Beobachter in einer derartigen Situation natürlich selbst eingreifen müsste. Diese Methode eignet sich dagegen gut bei der Untersuchung des Verhaltens von Verkehrsteilnehmern oder Passanten in Bezug auf Verstöße dritter gegen die Straßenverkehrsordnung wie zum Beispiel das Überfahren einer roten Ampel oder Falschparken. Ähnliche Voraussetzungen wie für die Beobachtung gelten ebenso für das Experiment. Auch hierbei können keine schweren Verbrechen und die Reaktionen darauf untersucht werden, da es auf einer nachgestellten/vorgespielten Situation beruht. Der Proband darf sich des experimentellen Geschehens um ihn herum nicht bewusst sein, um die hohe Validität zu erhalten. Die Versuchsperson muss die Situation als real erleben. Die Problematik von Experimenten besteht darin, dass der Versuchsleiter die Kontrolle nicht verlieren darf, was sich angesichts unvorhersehbarer Störungen nicht unbedingt einfach gestaltet. Auch kann bei dieser Untersuchungsmethode nur das Verhalten der Versuchspersonen erforscht werden, nicht aber ihre

---

[13] Vgl. KIEFL/LAMNEK München 1986, S. 47ff

Motive, es sei denn, die Situation wird umgehend aufgelöst und mit einer direkt anschließenden Befragung kombiniert. Besonders geeignet ist diese Methode für Erkenntnisse bezüglich der Anzeigebereitschaft, Hilfsbereitschaft und Zeugenbereitschaft von Personen.

4 Forschungsergebnisse der Viktimologie

4.1 Opferhäufigkeiten und Kausalzusammenhänge

Stellt man sich selbst die Frage, ob bestimmte Menschen eher dazu neigen, Opfer zu werden als andere, dann wird man üblicherweise zu folgenden Überlegungen gelangen: Generell sind ältere Menschen sicher opferanfälliger als Jüngere, Frauen eher als Männer, Schwache eher als Starke. Doch für diese Annahmen gibt es nur bedingt viktimologische Erkenntnisse. Einzelne Personengruppen tendieren eher zu bestimmten Straftaten, beziehungsweise dazu, deren Opfer zu werden (vgl. 4.3), aber nichts dergleichen lässt sich generalisieren. Betrachtet man dagegen einzelne Vergehen, kann durchaus kategorisiert werden. Viktimisierung erfolgt häufig aus individuellen Sozialprozessen. Gewaltdelikte, Vergewaltigungen, Raub und schwere Körperverletzung spielen sich eher in der Unterschicht ab, während Diebstahl mit entsprechend hohem Wert eher Besserverdienende betrifft. Hierbei sind beispielsweise die Variablen „Attraktivität" und „Zugänglichkeit" zu nennen. Wer nichts hat, wird eher selten bestohlen. Wer reich ist, ist zwar ein attraktives Ziel, es sind aber auch entsprechende Vorsichtsmaßnahmen zu erwarten. In Zusammenhang mit Sexualdelikten spielt dagegen, wie zu erwarten ist, nicht der soziale Status, sondern das Geschlecht die entscheidende Rolle. So nahmen dort die weiblichen Opfer mit 92,4%[14] laut Polizeilicher Kriminalstatistik des Berichtsjahres 2002 die Hauptposition ein. Zu erklären ist des dadurch, dass Männer ihre Frustration und Enttäuschung infolge von Vereinsamung, Differenzen in der Partnerschaft und Misserfolgen durch die Unterwerfung Schwächerer (in diesem Falle Frauen), häufig in sexueller Weise kompensieren wollen. Spiegelverkehrt tritt dieser Fall eher selten auf, man kann hier also

---

[14] Polizeiliche Kriminalstatistik, Berichtsjahr 2002, Tabelle 17

durchaus von einem Opferrisiko für Frauen sprechen. Im Gegensatz dazu betrifft das Delikt Körperverletzung allerdings zu 63,4%[15] Opfer männlichen Geschlechts. Das Delikt Diebstahl, hier besonders Handtaschenraub betraf 2002 hingegen vorwiegend ältere Menschen (62,8%, davon 94,2% Frauen)[16]. Die Erklärung hierfür ist ebenso einfach, wie nahe liegend. Ätere Menschen sind ein attraktives Opfer für dieses Delikt, weil sie sich weniger effektiv wehren können. Auch Kinder sind häufig die Verlierer unserer Gesellschaft. Kindesmisshandlung und Kindesmissbrauch resultieren nicht selten daraus, dass Eltern in ihrer Rolle völlig überfordert sind und die Abhängigkeit ihres Schützlings ausnutzen. Dies sind nur einige wenige Beispiele, welche Personengruppen aus welchen Gründen zur Viktimisierung neigen. Prinzipiell ist jedoch festzuhalten, dass neben Geschlecht, Alter und sozialem Status auch der Beruf oder die Bildung Viktimisierungsvoraussetzungen darstellen können.

4.2 Typologie der Opfer

Die Opfertypologie versucht Opfer verschiedener Straftaten zu kategorisieren, um auf diese Weise eventuell vorherrschende Schemata zu erkennen. Hierbei sollen zuerst verschiedene verallgemeinernde Kategorisierungsansätze vorgestellt werden, bevor die Typologie deliktspezifisch betrachtet wird.

An dieser Stelle sei der Kriminologe und Strafrechtler H. von Hentig genannt, der mehrere Opfertypologien aufgestellt hat. Im der ersten Kategorisierung geht er von der Mitschuld des Opfers aus, sei es, dass es die Tat „herausfordert" oder aber wenigstens die Hemmungen des Täters senkt, gerade diese Person zu viktimisieren. Er unterscheidet in vier Gruppen von Opfern, zu denen jeweils ein Beispiel konstruiert wurde:

a) Das Gewinngierige Opfer: Eine Person möchte am liebsten jetzt und sofort eine Geldanlage tätigen, die schnell und möglichst viel Gewinn bringt. Sie wird in dieser Situation leicht das Opfer von Betrug.

b) Das Lebensgierige Opfer: Eine Person möchte offensichtlich ihr Leben genießen und mal „ordentlich auf den Putz hauen". Er neigt in seiner Euphorie dazu, sich „ausnehmen" zu lassen.

---

[15] Polizeiliche Kriminalstatistik, Berichtsjahr 2002, Tabelle 17
[16] Polizeiliche Kriminalstatistik, Berichtsjahr 2002, Tabelle 114

c) Das Aggressive Opfer: Eine Person provoziert eine andere und wird in Folge dessen selbst zum Opfer, beispielsweise aus Notwehr.

d) Das „Wertlose" Opfer: Eine Person wird als sündig, wertlos, nicht lebenswert angesehen und aus diesem Grund Opfer einer Straftat. Beispiel hierfür könnte ein Übergriff auf eine Prostituierte sein, die während ihrer Arbeit Opfer eines Täters mit moralisch idealistischen Motiven wird.

Bei dieser sehr einfachen Klassifikation zeigt sich die Problematik, dass sich viele Opferfälle hier nicht exakt einordnen lassen, sondern eine Kombination der Gruppen notwendig ist.

Im zweiten Kategorisierungsansatz geht v. Hentig spezifischer auf einzelne Personengruppen ein:[17]

a) Die Jungen (Erfahrungsmangel)

b) Die Alten (Gebrechlichkeit, Isolation)

c) Frauen („Schwäche)

d) Geistig Kranke und Behinderte (z.B. Alkoholiker, an den Rollstuhl gebundene)

e) Immigranten (Unerfahrenheit), Minderheiten (Machtlosigkeit), „dumme Normale"

f) Depressive (mangelnder Selbsterhaltungsinstinkt)

g) Gewinnsüchtige (vgl. Gewinngierige Opfer)

h) Wollüstige

i) Einsame und Enttäuschte (mangelnder Bezug zur Realität, Gutgläubigkeit)

j) Quäler (vgl. Aggressive Opfer)

k) Blockierte (Unfähigkeit zur Verteidigung)

v. Hentig stellt hier die soziale Situation des Opfers in den Vordergrund und ermöglicht auf diese Weise wiederum eine einfache, aber oberflächliche Klassifikation.

Ungeachtet der sozialen Aspekte bezieht sich die Typologie nach Mendelsohn erneut auf den Tatbeitrag des Opfers. In diese Kategorisierung können Opfer exakt einer Klasse zugeordnet werden, ohne dass es zu

---

[17] Vgl. v. HENTIG 1948

Überschneidungen oder Kombinationen kommt. Er unterscheidet die drei folgenden Übergruppen:

a) Vollständig unschuldiges Opfer

b) Mitschuldiges Opfer

c) Opfer schuldiger als Täter

Im Detail unterteilt er anschließend gemäß Abbildung 1[18].

Die Opfertypologie Mendelsohns wurde auch von vielen weiteren Soziologen/Kriminologen aufgegriffen und erweitert, da sie die einfachste und doch treffendste Kategorisierung ermöglicht, obgleich sie nur die Tatsituation und nicht den sozialen Hintergrund einer Person betrachtet.

Die Viktimologie muss in diesem Zusammenhang feststellen, dass es nicht möglich ist, Opfertypen zu charakterisieren, sondern eher das Verhalten des potentiellen Opfers in Situationen, die einer Straftat vorangehen zu beschreiben.

Exemplarisch sollen an dieser Stelle derartige Verhaltensweisen in Zusammenhang mit spezifischen Delikten (hier Diebstahl und Körperverletzung) dargestellt werden.

a) Diebstahl: Die Grundmotivation des Täters ist hierbei meist bereits im Vorfeld vorhanden, wird aber durch das Verhalten des späteren Opfers häufig verstärkt. Als Einzelperson kann hier beispielsweise ein unachtsamer Gast in einem Restaurant, Cafe oder ähnlicher Einrichtung genannt werden, der den Täter geradezu verleitet, ihm den Geldbeutel aus einer nicht verschlossenen Tasche oder der Jacke zu stehlen. Dieses Opfer kann nach Mendelsohn in die Kategorie „Opfer mit geringer Schuld" eingestuft werden. Als Institution sei zum Beispiel ein Kaufhaus genannt, das durch Selbstbedienung, Reiz der sichtbaren und womöglich angepriesenen Waren und darüber hinaus Mangel an Überwachungsmöglichkeiten den Täter in seinem Vorhaben bestärkt. Auch hier handelt es sich in den meisten Fällen um ein „Opfer mit geringer Schuld".

b) Körperverletzung: Ebenso wie beim Diebstahl ist die Motivation des Täters bereits vorhanden, doch ist bei dieser Tat weniger eine spontan

---

[18]Vgl. Anlage; Abbildung 1: KIEFL/LAMNEK 1986, S. 58

auftretende Verhaltensweise ausschlaggebend, sondern eher de bereits im Vorfeld bestehende Beziehung zwischen Täter und Opfer, auf die im nächsten Abschnitt näher eingegangen werden soll. Man kann das Opfer deshalb nicht in eine Kategorie einsortieren ohne den Hintergrund genauer zu beleuchten. Eher selten kann bei dieser Tat des Weiteren der Fall eintreten, dass eine völlig unbeteiligte Person zufällig in das Tatgeschehen verwickelt wird. Beispiel hierfür ist eine Person, die in eine stattfindende Körperverletzung mit dem Motiv, Hilfe leisten zu wollen, eingreift und so selbst mit zum Opfer wird. Auch hier handelt es sich laut Mendelsohn um ein „Opfer mit geringer Schuld", wenn auch ohne bösartige Intention, wie in allen genannten Fällen.

Es zeigt sich durch diese Beispiele sehr deutlich, dass jedermann, wenn auch ohne Absicht, sich sehr schnell selbst dazu „verhelfen" kann, Opfer einer Straftat zu werden. Eine gewisse Mitschuld liegt fast immer vor, was allerdings lediglich auf der Tatsache beruht, dass der Mensch ein soziales Wesen ist und Zeit seines Lebens in Kontakt mit seinen Mitmenschen steht.

4.3 Täter-Opfer-Beziehungen

Die gerade angesprochenen Kontakte mit Mitmenschen werden als soziale Beziehung bezeichnet. Hierbei unterscheidet man in objektive und subjektive soziale Beziehungen. Mit objektiver sozialer Beziehung wird die Situation beschrieben, wenn aus Sicht der Beteiligten keine bewusste Bekanntschaft und zwischenmenschliche Beziehung vorliegt, die Personen aber beispielsweise in einem Ort oder sogar in der Nachbarschaft leben. Einer subjektiven sozialen Beziehung liegen soziale Prozesse zugrunde. Es besteht hier ein wechselseitiges Einwirken, welches wiederum die Motivation für eine Straftat sein kann. Nutzt man den Begriff Bekanntschaft als ausschlaggebendes Merkmal für diese Art von Beziehung, so kann folgendermaßen abgestuft werden: [19]

a) Bekanntschaft einseitig vom Ansehen (Beobachtung)
b) Oberflächlicher sozialer Kontakt (Nachbarn)
c) Näherer Bekanntschaft (Kollegen)

---

[19] Vgl. KIEFL/LAMNEK 1986, S. 208ff

d) Enge Bekanntschaft (Freunde)

e) Verwandtschaft

Weiterhin sind bei dieser Abstufung mit sehr fließenden Übergängen Variablen wie Dauer, Intensität und Wechselseitigkeit der Beziehung, Art des Kontaktes sowie das Macht- und Autoritätsgefälle innerhalb der Bekanntschaft zu berücksichtigen. Gerade im Zusammenhang mit viktimologischen Forschungsergebnissen sollte dies im Hinterkopf behalten werden, da hier selten bezüglich des Grades der Bekanntschaft unterschieden wird.

Es zeigen sich darüber hinaus wiederum deliktspezifische Unterschiede. Bei emotional bedingten Straftaten wie beispielsweise Mord, Vergewaltigung und sexueller Nötigung liegt in verhältnismäßig vielen Fällen eine Täter-Opfer-Beziehung vor, bei zweckrational motivierter Bereicherungskriminalität ist dies eher selten der Fall. Die PKS bietet hierzu zahlreiche Auswertungen, auf die an dieser Stelle auszugsweise verwiesen werden soll[20].

Diese ausgewählten Daten weisen eindeutig auf die oben stehenden Aussagen hin. Bei Mord, sowie bei Vergewaltigung und sexueller Nötigung bestand 2002 in über 60% der Fälle eine Bekanntschaft oder Verwandtschaft. Raub zeigte sich dagegen als eher anonymes Verbrechen mit einer Quote von 65,3% ohne Vorbeziehung zwischen Täter und Opfer. Eine Mischform stellt das Delikt Körperverletzung dar: 42,4% der Fälle ging mindestens eine Bekanntschaft voraus, in 45,6% der Fälle bestand hingegen keine oder lediglich eine flüchtige Vorbeziehung.

4.4 Die Wiedergutmachung für das Opfer

Mit zunehmender Bedeutung der Viktimologie trat auch die Wichtigkeit der Wiedergutmachung und Entschädigung des Opfers in den Vordergrund. Ein beispielsweise durch Körperverletzung berufsunfähig gewordener Mensch zieht keinen persönlichen Nutzen aus der Verurteilung des Straftäters, wohl aber aus Maßnahmen der Wiedergutmachung, die zu einer dann gegebenenfalls milderen Strafe hinzukommt.

Es können hierbei vier Möglichkeiten unterschieden werden[21]:

a) Staatliche Entschädigung

---

[20] Vgl. Anlage; Abbildung 2: Polizeiliche Kriminalstatistik, Berichtsjahr 2002, Tabelle 92
[21] Vgl. KIEFL/LAMNEK 1986, S. 300

b) Leistungen von Versicherungen

c) Ersatzleistung durch den Täter oder dessen Angehörige

d) Beiträge freiwilliger Organisationen

Zu a) Bei der staatlichen Entschädigung handelt es sich um finanziellen Ausgleich für das Opfer. Er ist folgendermaßen begründet: „Der Staat ist für die Verhütung des Verbrechens verantwortlich. Er muß die Opfer entschädigen, wenn es ihm misslingt, sie wirksam vor dem Verbrechen zu schützen."[22] Problematisch zeigen sich hier die Verteilung der vorhandenen Ressourcen unter Berücksichtigung des Tatbeitrages des Opfers, sowie die Entstehung eines sorgloseren Opferverhaltens, frei nach dem Motto „Vater Staat wird es schon richten". Es stellt sich auch die Frage, wer wegen welcher Opfersituation in welcher Höhe entschädigt werden soll. Um diesbezüglichem Missbrauch vorzubeugen, gibt es das Opferentschädigungsgesetz (OEG) vom 07.01.1985, welches genau regelt, wer Entschädigungsansprüche gegen den Staat erheben darf. Das Opfer steht in der Pflicht nachzuweisen, dass es weder aus Fahrlässigkeit noch aus Provokation viktimisiert wurde, was sich nicht einfach gestaltet (vgl. 4.2), da in nahezu allen Fällen ein – wenn auch geringer - Tatbeitrag des Geschädigten unterstellt werden kann. Erschwerend hinzu kommt die Tatsache, dass Ansprüche nach dem OEG nicht im Strafprozess, sondern in einem Zivilprozess gestellt werden müssen. Zahlreiche Opfer wissen dies nicht und werden auch nicht darüber aufgeklärt. Andere geben sich mit der Entschädigung durch die Versicherung zufrieden, wieder andere haben einen nichtmateriellen Schaden erlitten, der durch Geld nicht zu begleichen ist. Selbst wenn er das sein sollte, werden viele potentielle Antragsteller vom Verhältnis zwischen Aufwand und Ergebnis abgeschreckt. Es steht fest, dass nur wenige einen derartigen Antrag stellen und dieser wegen der nicht 100%igen Unschuld auch noch negativ beschieden wird. Man kann seitens der Opfer durchaus von Resignation sprechen.

Zu b) Im Gegensatz dazu steht die Entschädigung durch eine Versicherung. Es ist zwar nicht möglich, alles zu versichern, das im Rahmen einer Straftat „beschädigt" werden kann, aber in Fällen, in denen eine Versicherung greift,

---

[22] SCHNEIDER 1975, S.161

schneidet das Opfer häufig am besten ab. Der Schaden wird ihm direkt und im besten Falle vollständig „ersetzt".

Zu c) Eine Ersatzleistung durch den Täter oder dessen Angehörige kommt dagegen nicht in erster Linie dem Geschädigten zugute, sondern vielmehr dem Täter. Es handelt sich nur indirekt um eine Wiedergutmachung zugunsten des Opfers, man kann eher von Förderung des Handlungs- und Verantwortungsbewusstseins des Täters sprechen. Das Hauptproblem stellt in diesem Zusammenhang die – gegebenenfalls durch eine Haftstrafe verstärkte - Mittellosigkeit des Verurteilten dar. Er kann also den Geschädigten nicht adäquat finanziell entschädigen, wie es eigentlich der Sinn der Ersatzleistung sein sollte, andererseits zeigen sich aber resozialisierende Komponenten, die im folgenden genannt werden sollen: „Seine aktive Beteiligung daran, das getane Unrecht ungetan zu machen, wird [...] seine Selbstachtung und sein Selbstbild als verantwortliches und wertvolles Mitglied der Gesellschaft stärken"[23]

„Schließlich sollte die Ersatzleistung eine positivere Reaktion der Mitglieder der Gemeinschaft dem Täter gegenüber zum Ergebnis haben. Der Täter sollte angesehen werden als eine Person, die zwar illegale Handlungen begangen hat, die aber nunmehr versucht, ihr Unrecht wiedergutzumachen. Er sollte nicht mehr als krank oder schuldig oder unwiderleglich unmoralisch beurteilt werden."[24] Die Ersatzleistung soll beim Täter zu Einsicht, Reue und Schuldbewusstsein führen, für das Opfer bedeutet sie in den meisten Fällen lediglich weniger Verbitterung.

Zu d) Freiwillige Organisationen tragen vielseitig zur Opferbetreuung bei. Neben zahlreichen regionalen Initiativen stellt hier der Weiße Ring den bedeutendsten Verein dar, der sich speziell mit Wiedergutmachung beschäftigt. Seine Ansatzpunkte sind beispielsweise materielle Zuwendungen für das Opfer und die Angehörigen, persönlicher Beistand durch ca. 2500 ehrenamtliche Helfer und Helferinnen, Rechtsschutz vor Gericht und Rechtsberatung. Im Zusammenhang mit der Viktimologie unterstützt der Weiße Ring diesbezüglich Forschungsprojekte und beteiligt sich an zahlreichen Präventivmaßnahmen (z.B. Faltblattaktionen). Da dieser Verein sich ausschließlich aus Mitgliedsbeiträgen und Spendengeldern

---

[23] SCHNEIDER 1975, S.168
[24] SCHNEIDER 1975, S.168 f

finanziert, ist er in seinen Möglichkeiten eingeschränkt, was ihn nicht daran hindert, ständig Einfluss auf die Gesetzgebung zu nehmen, um das Los von Opfern aller möglichen Straftaten rechtlich zu verbessern. Besonderes Augenmerk richtet der Weiße Ring auf die Anwendung und Weiterentwicklung des so genannten Täter-Opfer-Ausgleiches, der im Folgenden genauer betrachtet werden soll.

5. Der Täter-Opfer-Ausgleich

5.1 Der Täter-Opfer-Ausgleich in der Theorie - Entwicklung und gesetzliche Grundlagen des Täter-Opfer-Ausgleichs

Beim Täter-Opfer-Ausgleich handelt es sich um eine spezielle Art der Wiedergutmachung im Strafrecht. Es steht hierbei nicht die Tat, die Schuldfrage oder die Bestrafung im Vordergrund, sondern vielmehr die Auseinandersetzung mit der Tat und deren Folgen, sowie die Bemühung, einen adäquaten Ausgleich zu schaffen. Es soll vorrangig der Konflikt zwischen den beteiligten Parteien gelöst werden, der die Tat verursachte oder ihr folgte. Täter und Opfer sollen die Möglichkeit erhalten, die Perspektive des jeweiligen gegenüber zu erfahren, um auf diese Art und Weise das Geschehene aufarbeiten zu können. Ein wichtiger Aspekt des Täter-Opfer-Ausgleichs ist darüber hinaus das Thema Vergebung: „'Vergebung' bedeutet nicht, den Übeltäter von der Schuld und seiner Verantwortung loszusprechen, nein, sie bedeutet Lossprechung von einem Teil seiner Schuld, die er nicht mehr ableisten, die er nicht wieder gutmachen, niemals wieder herstellen kann, von einem Teil seiner Verantwortung, die er nicht mehr zu leisten vermag."[25] Neben Rechtsfrieden spielt hier auch der innere Frieden der beiden Parteien eine wichtige Rolle. Am Täter-Opfer-Ausgleich ist neben dem Beschuldigten und dem Opfer ein unparteiischer Vermittler beteiligt.

Blickt man in die Vergangenheit, so ist bezüglich Schadenswiedergutmachung ein aus heutiger Sicht „Schwarzes Loch" anzutreffen. Erinnert man sich an Zeiten der Blutrache, stellt man fest, dass

---

[25] Vgl. BIANCHI 1988, S. 132

damals gleiches mit gleichem vergolten wurde. Wurde ein Mensch bestohlen, so bestahl auch er den vermeintlichen Täter, die Rache im Mordfall soll in diesem Zusammenhang gar nicht weiter ausgeführt werden. Im Spätmittelalter (16. Jh.) erkannten die Staatsoberhäupter ihre Verantwortlichkeit für das Rechtswesen und den Profit, den sie daraus schlagen konnten. Es entwickelte sich ein Rechtssystem, dass die Rache und Bestrafung durch den Geschädigten ablöste. An dessen Stelle trat der Staat als Kläger ein und übernahm insofern auch die Festsetzung der Bestrafung. Neben Freiheitsstrafe gab es auch damals schon materielle Bestrafung, beispielsweise in Form von Geldstrafen, die dann dem Staat zugute kamen. Es blieb dem Opfer lediglich die Genugtuung darüber, dass der Täter oder Beschuldigte bestraft wurde (vgl. 1) Über Jahrhunderte hinweg blieb diese Situation ähnlich. Der Täter hatte kaum eine Chance sich zu bewähren, das Opfer nicht auf Ersatz, Wiedergutmachung oder einen sonstigen Ausgleich. Erst Ende der 1970er Jahre änderte sich dieses grundlegend. Man legte größeren Wert auf die Resozialisierung des Täters und auch die voranschreitenden Forschungsergebnisse der Viktimologie bewirkten ein Umdenken im Strafrecht.[26] Die Stellung des Opfers sollte verbessert und der vorherrschende Konflikt gelöst werden, weil die Bestrafung des Täters in der Vergangenheit häufig keine Besserung gezeigt hatte.

Das Strafrecht sieht vor, dass der Staat bestraft und dadurch den bestehenden Konflikt „löst", um den Rechtsfrieden wiederherzustellen. Das Opfer bleibt hierbei unberücksichtigt. Unverständnis für und Kritik an dieser Tatsache führte dazu, dass der Geschädigte heute auch im Strafrecht mehr Beachtung erfährt. Auf der anderen Seite gilt es das Zivilrecht zu nennen, gemäß welchem das Opfer direkt eigene Interessen und Wiedergutmachung einfordern kann. Der Täter-Opfer-Ausgleich wurde dementsprechend in das Gesetz aufgenommen und schlägt auf diese Weise eine Brücke zwischen Straf- und Zivilrecht. Wo genau er verankert ist, wird im folgenden Absatz dargestellt:

Die Strafprozessordnung (StPO) sieht in § 153a Abs. 1 Satz 5 vor, dass die Staatsanwaltschaft von der Anklageerhebung absehen und dem Beschuldigten Auflagen und Weisungen erteilen kann, wenn dadurch das öffentliche Interesse an der Strafverfolgung beseitigt wird und die Schwere der Schuld diesem nicht

---

[26] Vgl. Anlage; Abbildung 3: KEUDEL 2000, S. 21ff

entgegensteht. Hier wird explizit gefordert, dass der Beschuldigte sich ernsthaft zu bemühen hat, einen Ausgleich mit dem Opfer zu erreichen und seine Tat wieder gut zu machen, mindestens aber die Wiedergutmachung zu erstreben.[27]

Es handelt sich in diesem Zusammenhang um einen erzwungenen Täter-Opfer-Ausgleich, der durch die Staatsanwaltschaft gefordert wird. Im Optimalfall erfüllt der Beschuldigte fristgerecht seine Auflage, indem er den Rechtsfrieden wiederherstellt, und erreicht somit die Einstellung des Verfahrens. Des Weiteren wurde das Thema Schadenswiedergutmachung auch im Strafgesetzbuch (StGB) verankert. Zu nennen ist an dieser Stelle der §46a StGB, welcher besagt, dass das Gericht die Strafe mildern oder von derselben absehen kann, wenn der Täter sich bemüht hat, durch einen Täter-Opfer-Ausgleich „seine Tat ganz oder zum überwiegenden Teil" wieder gut zu machen „oder deren Wiedergutmachung ernsthaft erstrebt"[28] hat. Weiterhin gilt dies, wenn der Täter im Rahmen der Schadenswiedergutmachung erhebliche persönliche Leistungen oder persönlichen Verzicht eingebracht hat und dadurch „das Opfer ganz oder zum überwiegenden Teil entschädigt"[29] hat. Es geht beim Täter-Opfer-Ausgleich also nicht um die Bestrafung eines Verdächtigen oder Täters, als vielmehr um die außergerichtliche Wiederherstellung des Rechtsfriedens und des Zustandes, der vor der Tat vorherrschte, wobei der bereits erwähnte pädagogische Effekt nicht übersehen werden darf.

5.2 Der Täter-Opfer-Ausgleich in der Praxis

5.2.1 Analyseschema als Ausgangspunkt empirischer Forschungen

Nur wenn bestimmte Voraussetzungen gegeben sind, kann ein Täter-Opfer-Ausgleich durchgeführt werden. Nicht jedes Vergehen und jede Person sind für diese Form der Wiedergutmachung geeignet. Um die folgenden empirischen Forschungsergebnisse nutzen zu können, soll vorweg exemplarisch aufgezeigt werden, welcher Ausgangpunkt diesen zugrunde liegen könnte. Es kann

---

[27] http://dejure.org/gesetze/StPO/153a.html
[28] http://dejure.org/gesetze/StGB/46a.html
[29] http://dejure.org/gesetze/StGB/46a.html

beispielsweise ein Analyseschema[30] angewandt werden, das Daten über den Beschuldigten, die Tat und den durchgeführten Täter-Opfer-Ausgleich erhebt.

Der Untersuchende entwickelt daraus Ergebnisse, wie bei welchen Personen und Delikten wann über welchen Zeitraum ein Täter-Opfer-Ausgleich durchgeführt wurde und zu welchem Ergebnis dieser geführt hat. In der Studie, welcher dieses Analyseschema zugrunde liegt, wird neben dem Erwachsenenbereich auch speziell der Jugendbereich behandelt. Im Folgenden wird dies nicht speziell behandelt, sondern in einem Komplex zusammengefasst.

Bevor nun auf empirische Forschungsergebnisse eingegangen wird, soll das Prinzip des Täter-Opfer-Ausgleichs an einem Beispiel veranschaulicht werden: „Eifersuchtstat:

Der Täter (18 Jahre) traf nach einem vorangegangenen Streit mit seiner Freundin diese zufällig in einer Diskothek wieder. Dort unterhielt sie sich mit den Geschädigten. Der Täter schlug aus Eifersucht und unter Alkoholeinfluß unvermittelt auf die beiden Geschädigten (Heranwachsende, 21 Jahre; Heranwachsender, 19 Jahre) ein, die er für männliche Heranwachsende hielt. Die sich vor der Diskothek fortsetzende Schlägerei wurde erst durch den Hinweis beendet, daß es sich bei einem der Geschädigten um ein Mädchen handelt.

Beide Geschädigten hatten langanhaltende schmerzhafte Verletzungen erlitten: Verlust von 6 Zähnen und eine aufgerissene Lippe (Mädchen); stark geschwollenes Auge und Riß in der Hornhaut (Heranwachsender)."[31]

Die vorliegende Konfliktsituation entwickelte sich im Geschehen, es lag keine vorherige Bekanntschaft vor. Dem Täter wurde direkt nach der Tat bewusst, dass er ungerechtfertigt gehandelt hatte, weshalb er die volle Verantwortung übernahm. Er zeigte während des Täter-Opfer-Ausgleich äußerst kooperativ:"... das war eigentlich ganz wichtig für mich, daß ich mich bei ihr noch mal entschuldigen kann, persönlich ..."[32]

An dem im Anschluss durch die Jugendgerichtshilfe initiierten Täter-Opfer-Ausgleichs-Gespräch nahmen der Täter und das weibliche Opfer teil. Nach einer anfänglich angespannten Atmosphäre löste sich diese im Laufe des

---

[30] Vgl. Anlage; Abbildung 3: KEUDEL 2000, S. 221f
[31] Vgl. RATTAY/ RACZEK 1990, S. 7
[32] Vgl. RATTAY/RACZEK 1990, S. 12

Gesprächs und beide Beteiligten beurteilten den Täter-Opfer-Ausgleich positiv im Hinblick auf den Abbau von Ängsten und die Hoffnung auf ehrliche Besserung durch Reflexion. Der Täter wurde trotz Täter-Opfer-Ausgleich zu einer Jugendstrafe von zwei Jahre verurteilt, die zur Bewährung ausgesetzt wurde. Über die Höhe der Schadenswiedergutmachung, die über die Anwälte geregelt wurde, trifft die Studie keine Aussage. Es ist jedoch deutlich erkennbar, dass die soziale Komponente und die Wiederherstellung des persönlichen Friedens im Vordergrund standen.

5.2.2 Empirische Forschungsergebnisse

Neben harten Zahlen aus der Praxis zählen auch in Worten zusammengefasste Stellungnahmen, die aus verschiedenen Projekten resultieren als empirische Forschungsergebnisse. Diese beiden Varianten sollen nachfolgend beleuchtet werden.

5.2.2.1 Erfahrungswerte bezüglich des Täter-Opfer-Ausgleichs anhand verschiedener Projekte

Zahlreiche Städte und Kommunen berichteten über ihre Pilotprojekte bezügliche des Täter-Opfer-Ausgleichs als diese Maßnahme gerade Einzug im Rechtswesen gehalten hatte. Heute existieren derartige Studien und Stellungnahmen kaum noch, da der Täter-Opfer-Ausgleich keine Neuheit mehr ist. Welche Erfahrungen anfänglich gemacht wurden, soll an einigen Beispielen aufgezeigt werden. Grundvoraussetzung für die Durchführung eines Täter-Opfer-Ausgleich war in allen Fällen ein Opfer als Person, das Geständnis des Täters und das beidseitige Einverständnis zu dieser Maßnahme.

Das Projekt „Hilfe statt Strafe" [33] in Braunschweig (1982 – 1988) beschäftige sich lediglich mit jugendlichen und heranwachsenden Straftätern sowie überwiegend mit finanziellem Täter-Opfer-Ausgleich. Dies wurde dort über das so genannte Konto „Schadensausgleich" geregelt. Der Täter hatte stundenweise gemeinnützige Arbeit zu verrichten, deren Lohn in Höhe von ca.

---

[33] Vgl. VIET, In: MARKS/RÖSSNER 1990, S. 55ff

7 DM pro Stunde diesem Konto gutgeschrieben wurde. Von diesem wiederum wurde der Opfer entschädigt. Im Laufe des Projektes trat das Problem auf, dass die Jugendgerichtshilfe (JGH) häufig erst spät in Kenntnis gesetzt wurde, dass ein unter Umständen zum Täter-Opfer-Ausgleich geeigneter Fall vorlag. Aus diesem Grunde wurde das Projekt über Staatsanwaltschaft und JGH hinaus auf die Polizei ausgeweitet, die direkt nach bekannt werden der Tat Kontakt zur JGH herstellen sollte, um zeitlichen Verzögerungen entgegenzuwirken. Es stellte sich diesbezüglich heraus, dass die Bereitschaft, einem Täter-Opfer-Ausgleich zuzustimmen mit zeitlicher Distanz zum Geschehen geringer wurde.

Als zweites Beispiel sei die WAAGE[34] in Köln, eine Einrichtung unter freier Trägerschaft, genannt. Hier wird der Ablauf eines Täter-Opfer-Ausgleichs-Verfahrens erläutert, wobei die entscheidende Rolle des unparteiischen Vermittlers hervorgehoben wird. Nach einer ersten Kontaktaufnahme zu Täter und Opfer, um einen Einblick in die subjektive Sichtweise, die Mitwirkungsbereitschaft und die jeweilige Vorstellung von Notwendigkeit und Möglichkeit einer Wiedergutmachung zu erhalten, sollte das konfliktlösende Schlichtungsgespräch angestrebt werden. Im Anschluss daran erfolgt die Wiedergutmachung in materieller und immaterieller Form, wobei sich Täter und Opfer selbst einigen können, oder aber die Unterstützung des Vermittlers in Anspruch nehmen können. Dieser kann entweder zwischen beiden vermitteln, wenn sie das Gespräch über einen dritten und nicht persönlich führen möchten, oder ein gemeinsames Gespräch anleiten. Der Vermittler hat hierbei die schwierige Aufgabe, unparteiisch und vorurteilsfrei auftreten zu müssen, um Ablehnung und Verschärfung des Konflikts bereits im Vorfeld entgegenzuwirken. Wichtig ist - auch im Hinblick auf die psychische Verarbeitung des Tatgeschehens - bei der WAAGE besonders das Gespräch über Emotionen, Motivation und alles, was das gegenseitige Verständnis fördert.

An dritter Stelle sei die Begleitforschung zu den Projekten „Ausgleich – München" und „Ausgleich – Landshut"[35] von 1987 genannt. Die Projekte sind ähnlich strukturiert wie „Hilfe statt Strafe" aus Braunschweig, es wird allerdings auch der immaterielle Ausgleich berücksichtigt. Hauptziele sind der Ersatz des Schadens, der erzieherische Effekt in Form von Auseinandersetzung mit der

---

[34] Vgl. KAWAMURA/SCHRECKLING, In: MARKS/RÖSSNER 1990, S. 73ff
[35] Vgl. GÖRLACH, In: MARKS/RÖSSNER 1990, S. 115ff

Tat und den daraus resultierenden Folgen, sowie die aktive Beseitigung derselben durch den Beschuldigten. Die Begleitforschung fasst hierbei bezogen auf 107 Täter-Opfer-Ausgleichs-Fälle in München die folgenden Ergebnisse in Zahlen zusammen: 70,1% der Täter waren nicht vorbelastet, 77,6% der Fälle führten zu einem positiven Ergebnis, davon 61,5% mit Täter-Opfer-Ausgleichs-Gespräch, 25,3% ohne Gespräch und 13,3% auf privatem Wege ohne Unterstützung der JGH oder einer sonstigen Institution. Die vorgenommenen Ausgleichsleistungen fielen unterschiedlich aus, am häufigsten waren jedoch Schadenersatz (37,5%) und Schmerzensgeld (19,4%). Weitere Ausgleichsarten waren Rückgabe, Arbeit für das Opfer sowie Kombinationen aus den bereits erwähnten Maßnahmen oder aber in weniger gravierenden Fällen ein nur symbolischer Täter-Opfer-Ausgleich. Der Autor der Studie, Arthur Hartmann[36], ist jedoch überzeugt, dass auch ein symbolischer Ausgleich dem Sinn des Täter-Opfer-Ausgleich entspricht, da Täter und Opfer sich auch in diesem Fall mit dem Geschehen auseinandersetzen müssen und die Art der „Wiedergutmachung" in beidseitigem Einvernehmen festgelegt wird.

5.2.2.2 Konkrete Zahlen basierend auf einer Studie

An diesem abschließenden Punkt soll noch einmal belegt werden, wie bedeutend viktimologische Erkenntnisse in Zusammenhang mit dem Täter-Opfer-Ausgleich sind. Denn werden die sozialen Hintergründe solcher Fälle betrachtet, in denen dieses Verfahren angewandt wurde, sind durchaus Parallelen zu den in Punkt 4 angebrachten Forschungsergebnissen erkennbar. Quelle der folgenden Daten stellt eine empirische Untersuchung aus Schleswig Holstein von Anke Keudel[37] dar. Sie differenziert unter anderem in Angaben zur beschuldigten Person, zur Tat, zur Einleitung des Täter-Opfer-Ausgleich sowie dessen Art und Dauer.

Angaben zur beschuldigten Person:

Das Durchschnittsalter der Beschuldigten in den 349 vorliegenden Fällen aus dem Zeitraum 01.11.1991 – 31.10.1995 lag demnach bei 25, wobei 59% der Täter unter 21 waren. 93% der Täter waren gar nicht (77%) oder nur gering (16%) vorbelastet.

---

[36] HARTMANN, In: MARKS/RÖSSNER 1990, S. 125ff
[37] Vgl. KEUDEL 2000

Angaben zur Tat:

Der häufigste Tatbestand, der zum Täter-Opfer-Ausgleich führte, war Körperverletzung (54%), gefolgt von Diebstahl (12%) und Sachbeschädigung (11%). In 91% der Fälle gab es ein personales Opfer, wobei aber 69% aller Konflikte kein Dauerkonflikt voraus ging. 42% von Fällen mit spontaner Aggression standen nur 8% unter Alkoholeinfluss entgegen. Ein Bekanntschaftsverhältnis vor der Tat lag bei 48% der Täter und Opfer vor (vgl. 4.3)

Einleitung des Täter-Opfer-Ausgleichs:

Starkes Interesse zum außergerichtlichen Ausgleich seitens der Beschuldigten war deutlich erkennbar. 37% der Konflikte wurden auf deren oder ihres Verteidigers Wunsch auf diese Weise geschlichtet. Bei 55% übernahm die Staatsanwaltschaft diese Entscheidung, wohingegen nur 3% der Opfer einen Täter-Opfer-Ausgleich einleiteten.

Art der Durchführung:

Die häufigste Methode war hierbei die Entschuldigung mit Worten (84%) in schriftlicher oder mündlicher Form. 21% der Täter erbrachten neben der vollständigen Schadenswiedergutmachung sogar noch eine Entschädigung (z.B. Schmerzensgeld). Immerhin 5% entschuldigten sich zusätzlich mit einer kleinen Geste wie beispielsweise Blumen, Pralinen oder sonstigen kleinen Geschenken.

Dauer des Verfahrens:

Im Mittel dauerte ein Täter-Opfer-Ausgleich um die 300 Tage, dies ist jedoch nicht die Zeit, die jemand benötigt, um sich zu entschuldigen, sondern die Gesamtdauer von der Tat bis zu Einstellung des Verfahrens. Hiervon vergingen im Schnitt 93 Tage zwischen der Tat und der Verfügung zum Täter-Opfer-Ausgleich durch die Staatsanwaltschaft, weitere 100 Tage bis zum Anschluss der Durchführung der außergerichtlichen Konfliktlösung, gefolgt von 120 Tagen, bis das Verfahren ad acta gelegt wurde.

Diese Ergebnisse sind relativ repräsentativ. Die Werte verschiedener Studien und dementsprechend auch der Bundesweiten Täter-Opfer-Ausgleichs-

Statistik[38] weisen große Ähnlichkeiten auf, was Anke Keudel in ihrer Untersuchung ausdrücklich betont und an zahlreichen Direktvergleichen belegt.[39]

Informationen, die aus derartigen empirischen Untersuchungen gewonnen werden, können für die weitere Forschung der Viktimologie wieder genutzt werden. Die Lehre vom Opfer und damit die Berücksichtigung desselben im Rechtswesen gewinnt zunehmend an Bedeutung.

6. Schlussbetrachtung

Der eine oder andere mag sich fragen, warum aus jeder alltäglichen Situation gleich eine Wissenschaft gemacht werden muss. Doch meines Erachtens handelt es sich bei der Viktimologie um eine für den „Otto-Normal-Verbraucher" durchaus relevante Wissenschaft. Sie untersucht und erforscht alles, was mit Opferwerdung zusammenhängt, kategorisiert Täter, Opfer und Vergehen, und analysiert den Viktimisierungsprozess, wobei sie grundsätzlich den sozialen Hintergrund der jeweiligen Personen einbezieht. Durch diese weit gestreuten Aufgaben und Methoden verfolgt die Viktimologie die wichtigen Ziele Prävention, Verbesserung der Opfersituation und Aussöhnung zwischen den Beteiligten. Um dies zu ermöglichen, ist es von großer Bedeutung, Zusammenhänge aufzuklären und zu verstehen, denn beinahe jedem Vergehen steht in irgendeiner Form ein Konflikt voran, sei es ein Konflikt zwischen den beteiligten Parteien, oder auch der persönliche Konflikt einer Einzelperson - des potentiellen Täters oder Opfers – mit sich selbst, seinem sozialen Umfeld oder der Gesellschaft. Die Viktimologie ist bemüht, Licht in dieses Dunkel zu bringen, um Menschen vor sich selbst und anderen zu schützen und auf diese Weise das Leben jedes einzelnen sicherer zu machen. Natürlich können Verbrechen und Vergehen nicht vollständig verhindert werden, doch zeigt sich die Viktimologie weiterhin bemüht, das Los des Opfers im Nachhinein zu verbessern. Aus ihren Untersuchungen geht neben dem oben genannten auch hervor, wie ein Geschädigter sich fühlt und wie er behandelt wird. An dieser Stelle betrachtet diese Wissenschaft insbesondere die Wiedergutmachung,

---

[38] Vgl. HARTMANN/STROEZEL: Die Bundesweite Täter-Opfer-Ausgleichs-Statistik, In: Täter-Opfer-Ausgleich in Deutschland. Bundesministerium der Justiz Bonn 1998, S. 149- 202
[39] KEUDEL 2000, S. 88ff

beziehungsweise Entschädigung des Opfers. Es stellte sich heraus, dass in diesem Zusammenhang der Täter-Opfer-Ausgleich eine wichtige Maßnahme für alle Beteiligten darstellt. „Das Prinzip Gegenschlag wird durch das Prinzip Verantwortung ersetzt"[40] Der Täter übernimmt die Verantwortung für sein Handeln und setzt sich damit und mit dem Opfer auseinander. Dieses Wiederum erfährt auf diese Weise Beachtung und auch Hilfe. Eine derartige Konfrontation und darauf folgende Interaktion erweist sich aus sozialpsychologischer Sicht als sehr bedeutend, da Opfer häufig einfach nicht übergangen, sondern berücksichtigt werden wollen. Jeder einzelne möchte doch gerne an das Gute im Menschen glauben, und der Täter-Opfer-Ausgleich bietet die Chance, dies auch zu entdecken und zu erfahren, um Konflikte aus der Welt zu schaffen. Wenn das Lebewesen Mensch sein Verhalten schon nicht immer kontrollieren kann, dann sollte es wenigstens fähig sein, mithilfe der Viktimologie daraus zu lernen.

---

[40] MARKS/RÖSSNER 1990, S. 18

7   Anhang

Abbildung 1

Opfertypologie nach Mendelsohn

	Typ	Tatbeitrag	Beispiele
Vollständig unschuldiges Opfer	„Ideales Opfer"	Keine aktive Beteiligung	Bombenattentat auf zufällig anwesende Kunden im Kaufhaus Person, die im bewusstlosen Zustand bestohlen wird
Opfer so schuldig wie Täter	Opfer mit geringer Schuld	Mehr oder weniger großer Beitrag zu Tat	Frau, die von ihr selbst eingeleitete Fehlgeburt mit eigenem Leben bezahlt
	Opfer aus Unwissenheit	Mehr oder weniger großer Beitrag zu Tat	Frau überlässt Heiratsschwindler ihre Sparbücher
	Williges Opfer	Mehr oder weniger großer Beitrag zu Tat	Tötung eines unheilbar Kranken auf dessen eigenen Wunsch (Tötung auf verlangen)
Opfer ist schuldiger als Täter	Provozierendes Opfer	Überwiegend oder ausschließlicher Beitrag des Opfers zur Tat	Angreifer, der in Notwehr getötet wird
	Deliktbegehrendes Opfer		Betrunkener prahlt in einer Bar mit Geld
	Falsches Opfer (vorgetäuschte Straftat)		Eine Frau will sich an einem Mann rächen und beschuldigt ihn eines Notzuchtverbrechens

7 Anhang

Abbildung 2

Täter-Opfer-Beziehungen

Straftat	Verwandtschaft	Bekanntschaft	Landsmann	Flüchtige Vorbeziehung	Keine Vorbeziehung	Ungeklärt
Mord	31,8%	29,6%	4,0%	9,8%	8,5%	16,3%
Vergewaltigung und sexuelle Nötigung	20,0%	44,9%	0,6%	14,0%	14,3%	6,2%
Körperverletzung	14,0%	28,4%	0,9%	11,5%	34,1%	11,1%
Raub	0,8%	8,7%	0,4%	7,2%	65,3%	17,6%

7. **Anhang**

Abbildung 3

Analyseschema der Ausgangsuntersuchung

I. **Erledigungsart:**

§ 45II JGG   §153a StPO   §153b StPO   sonstige Einstellungen

                                                       (§ 45I,III JGG; § 153 StPO)

   ?   **?**   **?**   **?**

II. **Angaben zum Beschuldigten:**
   - Alter
   - Vorbelastung des Beschuldigten

   Keine Aussage   erheblich   gering   keine   einschlägig

      ?   **?**   **?**   **?**   **?**

   - Bestreiten des Tatvorwurfs   **?** ja   **?** nein

III. **Tatvorwurf:**
   - Tatbestände:
   - Beziehungstaten (Dauerkonflikt):   Nachbarstreitigkeit/
                                                  Beziehungskonflikt
   - Bekanntschaftsverhältnis
   - Schadenshöhe bei Eigentums- und Vermögensdelikten
   - Spontane Aggression
   - Alkoholeinfluss
   - Stellvertreterkonflikte
   - Ärztliche Versorgung und Krankenhausbehandlung bei
            Körperverletzung
   - Bagatelle, für die eine Verweisung auf den Privatklageweg bzw. eine
            Einstellung wegen Geringfügigkeit angemessener gewesen wäre

      ? ja   **?** nein

IV.　Einleitung des Täter-Opfer-Ausgleich durch

? Anregung durch die Polizei

? Anregung durch den Beschuldigten bzw. Verdächtigen

? Anregung durch das Opfer

? Anregung durch andere

? Initiative der Staatsanwaltschaft

V.　Art der Durchführung
(mehrere Antworten möglich)　　　mit Gespräch　　ohne Gespräch

- Entschuldigung mit Worten　　?　　　　　?

- Entschuldigung mit Gesten　　?　　　　　?

- Schadenswiedergutmachung　　?　　　　　?

　und Schmerzensgeld　　?　vollständig　?　teilweise

- Geld an gemeinnützige

　Einrichtung　　?　　　　　?

- Geld an den Staat　　?　　　　　?

- Sonstige Wiedergutmachung　　?　　　　　?

VI.　Dauer des Täter-Opfer-Ausgleich-Verfahrens (in Monaten und Tagen)

- Ab Tat bis zu Verfügung der Staatsanwaltschaft

- Ab Verfügung der Staatsanwaltschaft

- Bis zum Täter-Opfer-Ausgleich

- Bis zur Einstellungsentscheidung

32

8. Literaturverzeichnis

Lexika:

Soziologie-Lexikon / hrsg. von REINHOLD, Gerd. R. Oldenbourg Verlag München Wien 2000.

Wörterbuch der Kriminalwissenschaften / hrsg. von LANG, Gerd/SCHNEIDER, Andreas. Boorberg 2001.

Monographien:

AMELUNXEN, Clemens: Das Opfer der Straftat. Verlag Kriminalistik Hamburg 1970.

BIANCHI, Herman: Alternativen zur Strafjustiz. Kaiser München 1988; Grünewald Mainz 1988.

CHRISTOCHOWITZ, Sylvia: Möglichkeiten und Grenzen des Täter-Opfer-Ausgleichs im allgemeinen Strafrecht aus der Sicht von Amts- und Staatsanwälten. Kriminologisches Forschungsinstitut Niedersachsen. Hannover 1994.

EPPENSTEIN, Dieter: Wiedergutmachung für Kriminalitätsopfer. Weißer-Ring-Verlag Mainz 1999.

EPPENSTEIN, Dieter: Kinder und Jugendliche als Täter und Opfer. Weißer-Ring-Verlag Mainz 2001.

FRÜHAUF, Ludwig: Wiedergutmachung zwischen Täter und Opfer. Gelsenkirchen 1988.

33

HAMMERSCHICK, Walter: Ausweg aus dem Strafrecht. Nomos
Verlagsgesellschaft 1994.

v. HENTIG, H.: The criminal and his victim. New Haven 1948.

KEUDEL, Anke: Die Effizienz des Täter-Opfer-Ausgleichs. Weißer-Ring-Verlag
Mainz 2000.

KIEFL, Walter/LAMNEK, Siegfried: Soziologie des Opfers. Wilhelm Fink Verlag
München 1986.

MARKS, Erich/RÖSSNER, Dieter: Täter-Opfer-Ausgleich. Forum Verlag
Godesberg. Bonn 1990.

RATTAY, Helga/RACZEK, Wolfgang: Täter-Opfer-Ausgleich in Braunschweig.
Kriminologisches Forschungsinstitut Niedersachsen. Hannover 1990.

SCHNEIDER, Hans Joachim: Viktimologie. J. C. B. Mohr (Paul Siebeck)
Tübingen 1975.

SEITZ, Willi: Kriminal- und Rechtspsychologie. München Wien, Baltimore 1983.

Sonstige Veröffentlichungen:

BUNDESMINISTERIUM DER JUSTIZ (Hrsg): Täter-Opfer-Ausgleich in
Deutschland. Bonn 1998.

Internetquellen:

http://www.bka.de/pks/pks2002/index2.html (Stand 24.05.2004)

http://dejure.org/gesetze/StGB/46a.html (Stand 24.05.2004)

http://dejure.org/gesetze/StPO/153a.html (Stand 24.05.2004)

http://www.faz.net, Mensch, Natur & Technik: "*Terroranschläge: Weniger Opfer unter den Trümmern als vermutet*", 25.03.2002.
In: http://www.sellpage.de/11september/chronologie.html.
Verfasser: Sellgrad, Carsten
(Stand 24.05.2004)

http://science.orf.at/science/news/62705 (Stand 24.05.2004)

http://www.stern.de/politik/ausland/?id=521912 (Stand 24.05.2004)

Erklärung über die selbstständige Erarbeitung studienbegleitender Hausarbeiten

Hiermit erkläre ich, dass ich die vorstehende Arbeit selbstständig und ohne fremde Hilfe verfasst habe.

Des Weiteren versichere ich, dass diese Arbeit weder teilweise noch insgesamt an der Universität der Bundeswehr Hamburg oder an einer anderen Hochschule von mir oder einer anderen Person eingereicht wurde. Alle Stellen, die wörtlich oder indirekt Veröffentlichungen anderer entnommen sind, habe ich kenntlich gemacht und mich keiner anderen als der angegebenen Literatur bedient.

Diese Versicherung gilt auch für alle der Arbeit beigegebenen Zeichnungen, Skizzen, Abbildungen etc.

Astrid Jung
25.05.2004

CPSIA information can be obtained
at www.ICGtesting.com
Printed in the USA
BVHW032334060319
541823BV00061B/633/P